Scrap the Book!

© 2019 Instituto Monsa de ediciones.

Primera edición en Noviembre de 2019 por Monsa Publications,
Gravina 43 (08930) Sant Adrià de Besós.
Barcelona (España) T +34 93 381 00 50
www.monsa.com - monsa@monsa.com

Autora de la obra Adela Silvestre
Editor y director del proyecto Anna Minguet
Dirección de arte y maquetación Eva Minguet
(Monsa Publications)

Todas las imágenes y textos pertenecen a ©Adela Silvestre excepto las señaladas
Fotografías pág 7, 98-99, 109 ©Susana Torralbo
Fotografías pág 24-25, 32-33, 60-61, 75 ©Obed Marshall & Adela Silvestre
Fotografía pág 91 ©Obed Marshall
Fotografía insertada en Layout pág 55 ©Blog Do Math (Pinterest)
Fotografías insertadas en Collages pág 11, 50, 57, 58-59, 80 e imagen
del collage contracubierta ©Angharad Segura @estovadeamor
Diseño cubierta + Lettering Sabrina H Martin @sabrinahmartin
Calabazas pág 48-49 Kara Whitten @kailochic
Ilustración libreta pág 47 Esther Gili
Traducción al inglés Obed Marshall

Marcas utilizadas en los proyectos: ©Lora Bailora, ©Pinkfresh Studio, ©Crate
Paper, ©Printlife, ©Mintopía, ©Silhouette Studio, ©We R Knitters, ©Ikea, ©Tiger,
©Hema, ©Made Of Wood, ©Florileges Design ©Martha Stewart
©We R Knitters, ©Charuca

Shop online:
www.monsashop.com

Follow us!
Instagram: @monsapublications
Facebook: @monsashop

ISBN: 978-84-17557-10-2
D.L. B 23614-2019

Scrap! the BOOK

Adela Silvestre
THE MINT FEATHER

monsa

THE *Mint* FEATHER

Me llamo Adela Silvestre y soy actriz, pero tan pronto la página de inicio de Instagram me da la bienvenida me convierto, mágicamente y muy a lo Lluvia de Estrellas (pero sin cortina de humo) en The Mint Feather, una crafter amante del Scrap, el Home Decor y la fotografía de producto. Allí me escondo tras el hashtag #mintboniqueces y flirteo con cualquier arte plástico o manual que se me pasee por la cabeza. No tengo vergüenza ninguna y le soy infiel al papel con asiduidad. Me vuelven loca la madera y el cartonaje. El sonido de mi destornillador eléctrico es como mi ruido blanco. El Collage es mi vía de escape y de expresión preferida y decorar mi casa es mi terapia personal. Y sin duda, lo que más disfruto es observar objetos cotidianos y plantearme en qué puedo convertirlos.

He hecho manualidades desde que tengo dedos. Pero todo este remolino de boniqueces y buenos momentos no empezó hasta que uno de los peores llamó a mi puerta. Prepárate, que vienen curvas. Hace tres años me diagnosticaron una enfermedad grave de corazón y me dijeron "Bonica: o paras o se te para". Y paré. Vaya que paré. Y en esas andaba, aburrida como una mona en mi casa, cuando mi hermana (¡bendita ella!) me dio el link a la que fue mi primera tienda de Scrap. Una explosión de color, lluvia de confeti y las maracas de Machín resonaron en mi cabeza. Ahí estaba: todo lo que había soñado siempre, todas mis aficiones, todas las cosas cuquis del mundo. Tenía nombre: se llamaba Scrapbooking y era lo mejor que iba a pasarme. Porque aquella Pluma asustada de 29 años iba a refugiarse en un montón de papeles preciosos, en un universo tecnicolor e iba a tener una vía de escape en forma de mini álbum. Y el resto es historia: abrí mi cuenta de Instagram y, antes de que me diera cuenta, formé una familia. Una familia de Boniqueces, preciosa y súper bien avenida, que se quiere y se respeta y que están ahí para mí, SIEMPRE. Sin ellas no sería tan feliz. Ni estaría escribiendo esto. Ni tendría tantas ganas de crear. Sin ellas no existiría The Mint Feather. Así que...

¡este libro va por vosotras, boniqueces!

My name is Adela Silvestre and I'm an actress, but as soon as the Instagram homepage welcomes me I'm magically transformed into The Mint Feather, a crafter who loves scrapbooking, Home Decor and product photography. There, I hide behind the hashtag #mintboniqueces and I explore all kinds of handicrafts or fields of art. I can think of I absolutely go crazy for wood and cardboard techniques. The noise of my electric screwdriver is my white noise. Collage making is my favorite art expression and decorating my house is my personal therapy. Without a doubt, what I most enjoy is looking at random objects and thinking how I can transform them into something completely different and creative. I've made crafts since I was very little, but this world wind of "boniqueces" (*see bottom of page) and wonderful moments didn't start until one of the worst moments of my life knocked on my door. Get ready, it's about to get a little rough. Three years ago, I was diagnosed with a severe heart condition and they told me: "Boniquez, you have to stop or your heart will stop". So I stopped, I had to stop I had no other option. One day, bored to death and at home, my sister (bless her heart) gave me the link to the first scrapbooking store I had ever come to know. Confetti everywhere and an explosion of color filled my head, there it was. Everything I had ever dreamt of, all my hobbies and the cutest things in the world in one place. It all had a name, it was called Scrapbooking and it was going to be the best thing that would ever happen to me. That 29 year old scared feather (me) was going to take refuge in a stack of pretty papers, a multicolor universe and my shelter would be making mini albums. The rest is history: I opened my Instagram account and before I knew it I had made a community which really felt more like a family. A beautiful family of "boniqueces", that gets along well, loves each other, respects each other and that is ALWAYS there for me no matter what. Without them I wouldn't be this happy nor would I be writing this, nor would I have the urge to keep creating. Without you, The Mint Feather wouldn't exist. So..

this book is dedicated to you, boniqueces!

*Boniquez/ boniqueces: Singular and plural Spanish expression to refer to a cute and adorable person. I use this term all the time on my social media to designate you: my reader, my follower and beautiful companion on my crafting adventure.

To my fellow women

Este libro está escrito en clave femenina. No porque el Scrap lo practiquen sólo mujeres, ni mucho menos. Muchos de mis artistas favoritos y mejores amigos son hombres. Y son maravillosos. No os odio, hombres del mundo. Pero soy mujer y creo firmemente en que estamos en una maravillosa época de cambio de la que me siento muy parte. Pienso que forma gran parte de ese cambio usar las palabras con conocimiento de causa. El lenguaje es el arma más poderosa del ser humano y es, sin ninguna duda, una de mis favoritas. Esa y el spray de pintura. Así que, como homenaje a todas las mujeres increíbles del mundo que han quedado difuminadas a lo largo de la historia detrás de un "todos" y a ese cambio maravilloso que estamos viviendo, en este espacio seremos "todas" en vez de "todos" y seremos "poderosas" en lugar de "poderosos". Y no con esto pretendo excluir a nadie. Repito: hombres, os quiero. Pero mujeres, a nosotras nos quiero más. Y, sobre todo, nosotras lo NECESITAMOS más.

This book is written in female gender because Spanish nouns and pronouns can have a masculine and a female gender suffix. Not because scrapbooking is practiced only by women, let alone. Many of my favorite artists and best friends are men. And they're wonderful. I don't hate you, men of the world. But I am a woman and I firmly believe that we are in a wonderful time of change and I feel I am very much a part of it. I think a big part of that change is using words being fully aware of the power of words. Language is the most powerful weapon the human being has and is, without a doubt, one of my favorites. That and spray paint, of course. So, as a tribute to all the amazing women in the world who have been blurred out throughout history behind an "everyone" and that wonderful change that we are experiencing I have written this book using the female gender. I do not intend to exclude anyone by doing this. I repeat: men, I love you. But women, I love you even more. And, above all, we NEED it more.

Index

Scrapbooking is...

¿Qué es Scrapbooking? Una de las preguntas que más me han hecho en los últimos años. Si me dieran un euro por cada vez que he intentado responderla ahora tendría la casa forrada con los papeles de Lora Bailora. Pero aquí va un intento de definirlo, mis boniqueces.

· ·

What is Scrapbooking? What is Scrapbooking? One of the questions I've been most asked in the past years. If I was given a euro for every single time I've tried to answer that question my house would be wallpapered with Lora Bailora's papers. But, here's a try at explaining what scrapbooking is, this goes for you my boniqueces.

Scrapbooking es el plan de un domingo por la tarde. Son esas tardes que se transforman en noches, y después en madrugadas, bajo la frase "sólo una página más" y "total, para lo que me queda ya lo acabo". Es ver la vida a todo color. Es hacer fotos pensando en que te combinen con la colección de papeles que vas a usar. Es comprar compulsivamente para justo después jurar que no lo volverás a hacer. Es volverlo a hacer. Hasta la saciedad. Es encontrar compañeras de aventura y de hobby. Y es encontrar amigas de corazón y hacerles tarjetas para navidad. Es hacer crops. Y talleres. Y ahorrar para las ferias. Es equivocarse y pensar "bueno, esto lo arreglo con un poco de *washi*". O liberar la imaginación como quien libera a un Kraken para encontrar la forma más bonita de solucionar una metedura de pata. Es emocionarte, muy en serio, cuando sale una colección nueva que te entusiasma. Es luchar como si fueran los juegos del hambre por conseguirla antes de que "te la quiten". Es maldecir si sucede. Es sentir una conexión instantánea con aquella persona que te dice que sí, que claro que sabe lo que es Scrapbooking. También es aguantar que toda tu familia y amigos no pronuncien bien el nombre, no lo recuerden o no sepan incluso de qué estás hablando. Es felicidad. Y amor. Y creatividad en estado puro. Es pensar más allá de los límites establecidos para crear algo diferente. Es vivir en Pinterest, en Instagram y navegar por YouTube y por blogs. Es formar una familia con gente a la que nunca has tocado. Son buenos momentos. Y es vivir de una manera distinta, más bonita.

Scrap es todo eso. Y, para resumirlo en una frase, es aquello que llega a tu vida cuando más lo necesitas y se queda contigo para siempre. Y ya nada vuelve a ser igual... ¡por suerte!

Scrapbooking is the perfect Sunday afternoon plan. Afternoons that turn into nights and then, before you know it, it's almost morning right before you say: "just one more page and I'll be done". Scrapbooking is seeing life full of color. Scrapbooking is taking pictures thinking about if the outfit will look good with the paper collection that you're going to use. Scrapbooking is being a shopping addict and saying you'll never do it again right after buying some more, because you know, you need the latest thing that has just come out. Scrapbooking is meeting people that share the same hobby. Scrapbooking is meeting true friends and sending them Christmas cards for the Holidays. Scrapbooking is getting together for crops, workshops and saving up to go to craft fairs. Scrapbooking is messing up and thinking: "I'll just fix this with some washi tape." Scrapbooking is clearing your mind to find the prettiest way of fixing a scrap problem. Scrapbooking is getting emotional, seriously, when a new collection comes out that you are just in love with. Scrapbooking is fighting, just like in The Hunger Games, to get that collection that has just come out just in case it runs out. Scrapbooking is feeling an instant connection with that person that answers: "Yes, of course I know what scrapbooking is". Scrapbooking is also putting up with family and friends not pronouncing it right, not remembering it or not know what it is at all. Scrapbooking is happiness, love and creativity in its purest state. Scrapbooking is thinking outside the box to create something different. Scrapbooking is living in Pinterest, Instagram, YouTube and blogs. Scrapbooking is being part of a family of people you've never seen. Scrapbooking is having good moments and living in a beautiful and different kind of way.

Scrapbooking is all that and to sum it up in one sentence: It's what arrives in your life when you most need it and it stays with you forever. Nothing will ever be the same again...in a good way!

El Templo Sagrado
(ríete tú de Gaudí)

Mi Scraproom era negra. Y os lo escribo así, a bocajarro, sin anestesia ni paños calientes. Para que veáis que si yo he salido de eso vosotras también podéis.

Os voy a poner en situación. Vivía yo por aquel entonces en aquel espacio-tiempo, aquel agujero de gusano despiadado pero que da mucho gustirrinín del "yo a ti más", "no, cuelga tú" y "¡pero si tú no tienes defectos...!": el principio de una relación. Así que, cuando mi chico me dijo que quería que nuestro despacho tuviera los muebles negros, mi yo atontado respondió "sí, cari".

Pero ni lo bueno ni lo malo dura para siempre. Y lo negro, en casa de una scrapera, aún menos. Yo me paso el santo día spray de pintura en mano. Y esta obsesión por pintarlo todo empezó precisamente en aquel despacho negro que se acabaría convirtiendo en mi Scraproom. Recuerdo perfectamente aquella mañana en la que entré en el despacho negro y me dije: esto no me representa. Me pasaba allí dentro buena parte de mi día, creando proyectos o simplemente comprando en tiendas online para acumular víveres para el largo invierno (*winter is always coming* para una scrapera). Y siempre notaba que parte de mi esfuerzo y mi imaginación estaba focalizada en olvidar el color de mis muebles. Así que aquella-mañana-en-la-que-todo-cambió me fui a comprar varios cubos de pintura, rodillos y cubetas y empecé a pintar como si no hubiera un mañana. No es broma: estuve a punto de arrancarme el brazo del dolor de tanto darle a la brocha y al rodillo.
Y así empezó la transformación de mi Scraproom. Y se convirtió en lo que veis aquí: una habitación luminosa (el sol se puso generoso y añadió más luz y todo para compensarme por el brazo que había perdido en batalla), con muebles blancos y mint, con más espacio para trabajar y, lo más importante, más focalizado en todo aquello a lo que quería dedicar mi tiempo.

My Scraproom was black, and I'm writing this bluntly, no messing around and without hesitation. Doing this I'll show you that if I've been able to see the light at the end of the tunnel I know you will be able to also.

Here's some background information for you, back then I was living in an overly sweet and cheesy beginning of a romantic relationship, in a good way of course. You know that kind of relationship where conversations never end and if they do they it's always like this: "-I love you" "-No, I love you more"... I was blinded by love, so when my boyfriend told me he wanted our home office to have black furniture, I answered: "Of course, honey!"

Good things and bad things don't last forever, and the color black in a crafter's home even less. All day with my spray paint can in hand and this slight obsession of painting everything all started in that black office that would eventually turn into my own scraproom. I perfectly remember that morning when I walked into my office and thought: "This is not me". Most of my day was spent in there, creating projects or simply buying from online stores to stock up for the long winter (because you know, winter is always coming for a crafter). I would always feel that my effort and my imagination was focused on forgetting the color of my furniture. So that morning when everything changed, I set out to buy several cans of paint, buckets and rollers and I started painting like there was no tomorrow. No joke, I almost pulled my arm off because it hurt so much from painting all day.
And that's how the transformation of my scraproom started, and it turned into what you can see here: a bright room (the sun was also generous and it shined in to make up for my arm which was lost in battle, haha) with white and mint furniture, with more space to work and most importantly now I was more focused on everything I wanted to dedicate my time to.

Dicho así suena a que Dios creó el mundo en seis días y yo mi scraproom en tres. Y no. Fue un proceso largo y hay cosas que aún se siguen transformando en mi scraproom día a día. Una vez solucionado el tema de los muebles sólo faltaba lo más importante: una *pegboard*. Creo que era la pieza en torno a la que giraba el resto de mi habitación. ¿Por qué? Muy sencillo. Yo soy digna hija de mi padre. Mi padre es lo que comúnmente se denomina como "un manitas" y a lo que yo llamo "el Dios de lo Handmade". Y ha tenido una *pegboard* desde que yo era pequeña y a mí siempre me ha encantado. Así que cuando me planteé redecorar mi espacio tuve claro que quería una a mi medida. Lo más importante era encontrar la distribución perfecta y yo la tenía clarísima. Había estado meses dibujando en una libreta, midiendo a escala y buscando por internet en tiendas de decoración los elementos perfectos para mi *pegboard*. Así que esta parte fue bastante rápida. Y, cuando estuvo terminada, no me lo podía creer. Era mejor que todo con lo que yo había soñado. Era práctica, decorativa, inspiradora y bonita a rabiar. ¡Me encantaba!

Y el resto vino rodado: decoré la habitación a mi gusto (con un collage hecho con marcos de fotos, que era mi máxima en la vida), le añadí cestas de colores para organizar mis cositas, cajas... y pasó de ser la Scraproom de Drácula a ser viral en Instagram. Y pensé: ¡jolín, qué poderoso es dedicar tanto tiempo a una cosa y hacer algo con tanto cariño! Y también pensé: ¡mi brazo derecho estaría orgulloso!

Llegó el momento, no recuerdo muy bien cuándo, en el que me di cuenta de que mi estudio era bonito pero no era práctico. Pasaba mucho tiempo buscando las cosas que necesitaba, no dedicaba tiempo a los nuevos hobbies que había descubierto porque no estaban "a mano" y muchas veces ni me acordaba de ellos y mi espacio estaba siempre deliberadamente invadido por cajas de cartón de mi tienda online favorita llenas de material. Hasta que un día dije "hasta aquí", tomé mi libreta y empecé a rediseñar mi espacio. Dediqué muchísimo tiempo a estas cuatro preguntas:

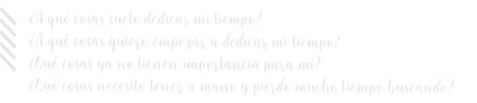

¿A qué cosas suelo dedicar mi tiempo?
¿A qué cosas quiero empezar a dedicar mi tiempo?
¿Qué cosas ya no tienen importancia para mí?
¿Qué cosas necesito tener a mano y pierdo mucho tiempo buscando?

It all sounds like it happened in a blink of an eye, but it didn't. It was a long process and there are things that are still being transformed and changed daily in my scraproom. Once the furniture issue was resolved the only thing which was left was, maybe the most important, I needed a pegboard. I think it was the center piece of furniture of the room, why? Simply because I take after my dad, and he's what commonly is known as a handyman, a DIY genius or master. He's had a pegboard since I was little and I've always loved it. So when I planned to redecorate my space I knew I wanted one custom made for my scraproom. But, most importantly I needed to find the ideal distribution and I had just the right one in mind. I had spent months drawing in my notebook, measuring by scale and searching the Internet on home decorating stores to find the perfect objects for my pegboard. So this part went pretty fast and when I was done, I couldn't believe it. It was better than anything I had ever dreamt of. It was practical, decorative, inspirational and obviously the cutest. I loved it!

The rest was a piece of cake, I decorated the room just like I wanted (I made a collage with picture frames that I am so proud of), I added colourful baskets to organise my things, boxes... soon Dracula's scraproom turned into a hit on Instagram, without even noticing it my scraproom had gone viral. I thought: "Wow, it's so great to put so much time into something and then get so much love back! I also thought: "My right arm would also be proud!"

The time came, I don't quite remember when, I realised that my studio was pretty but not practical. I would spend too much time looking for the things I needed and I didn't dedicate enough time to my new hobbies because I didn't have them at hand. Many times, I didn't even remember them and my workspace would turn into a heap of cardboard boxes full of material from my favorite online store, until I said: "No more." I grabbed my notebook and I started to redesign my workspace. I spent a lot of time on these four questions:

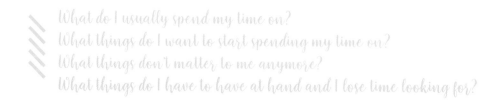

What do I usually spend my time on?
What things do I want to start spending my time on?
What things don't matter to me anymore?
What things do I have to have at hand and I lose time looking for?

En la primera, "a qué cosas suelo dedicar mi tiempo", englobé todos aquellos proyectos con los que trabajo a menudo. Decidí utilizar cajas transparentes de 30x30 para ver el contenido con facilidad.

La segunda "¿A qué cosas quiero empezar a dedicar mi tiempo?" abarcaba todas aquellas nuevas disciplinas que quería aprender, dentro de mi campo, y que requerían un recordatorio constante para atraer mi atención y dedicarles tiempo. Así que reservé un sitio bien visible en mis estanterías para ellas.

En cuanto a la tercera, "¿Qué cosas ya no tienen importancia para mí?", me marqué un Marie Kondo que no quieres dos. Metí todo en una caja y después lo separé en cosas que se fueron directamente a la basura y otra que doné entre personas que sabía que lo aprovecharían y les harían felices (como mi pequeña scrapera favorita, mi sobrina de 6 años, que sabía que disfrutaría como la enana preciosa que es con aquellos papeles de scrap que yo no tenía suficiente vida (tampoco Matusalén la tendría) para aprovechar). Me deshice de un sinfín de cosas que sabía a ciencia cierta que no usaría, bien porque ya no me gustaban o por falta de tiempo. El mal de la scrapera compradora compulsiva, le llaman. Está diagnosticado, miradlo.

Answering the first question, "What do I usually spend my time on?", I included all those projects which I work on frequently. I decided to use transparent 12x12 boxes, this way I could see what was in them easily.

To the second question,"What things do I want to start spending my time on?", I included all those new art disciplines I wanted to learn, in my field, and that required a constant reminder to catch my attention and dedicate time to them. So they had to have a designated and visible spot on my shelves.

Answering the third question, "What things don't matter to me anymore?", I took Marie Kondo word for word and that was it. I put everything in a box and then separated the things that went straight to the trash and other things which I donated to people I knew would make them happy and they would love (like my little favorite crafter, my six year old niece, who I knew would enjoy those scrapbooking papers which I didn't have time to use in this life or the next.) I got rid of tons of things I was certain I wouldn't use, because I no longer liked them or I didn't have enough time to use. It's called being a scrapbooking shopaholic, they've recently diagnosed it, be sure to look it up.

Si quieres ahondar más en este tema te espero en mi blog donde te tengo preparada una versión extendida y con comentarios del director: www.themintfeather.com pestaña Scrap! The Book e introduce la contraseña: TEMPLODEGAUDI

If you would like to learn more about this subject I'll be waiting for you on my blog where I've got an extended version with the director's comments: www.themintfeather.com Scrap! the book with the password: TEMPLODEGAUDI

En la cuarta y última, "¿Qué cosas necesito tener a mano y pierdo mucho tiempo buscando?", pensé básicamente en todas mis herramientas.

Y, por último, reorganicé mis adornos de Scrapbook: abecedarios, *die cuts* y mil detallitos más que adoro usar, y uso, pero de los que no tenía una visión general por falta de espacio.

¿Y tú? ¿Qué cosas ya no necesitas? ¿Tienes a mano tus herramientas y básicos favoritos? ¿Tienes nuevos hobbies o intereses pero nunca recuerdas ponerte a ello? ¿A qué cosas dedicas la gran parte de tu tiempo?

Y la pregunta más importante de todas: ¿tu espacio te hace feliz y es, a la vez, funcional y cómodo?

Si la respuesta a alguna de estas preguntas es "no", ¡entonces ha llegado el momento de embarcarte en un viaje genial llamado "construye tu propio templo a medida"...

¡Y prepárate, porque te lo vas a pasar teta!

To the fourth question, "What things do I have to have at hand and I lose time looking for?" I basically thought of all my tools. Last but not least, I reorganised my scrapbooking embellishments: alphabets, die cuts and thousands of other things that I just love to use, but I just didn't use due to a lack of a general view and space.

How about you? What are some things that you no longer need? Do you have your tools and favorite basics at hand? Do you have any new hobbies or interests but you never come around to practising them? What are the things that take up most of your time?

And the most important question: "Does your workspace make you happy, is it functional and comfortable at the same time?

If the answer to any of these questions is "no", then the moment has come to launch on a wonderful trip called: "build your own magical place"...

Get ready, because it's going to be a blast!

your
moodboard

BE YOURSELF

CAPTURA TU ESENCIA
→ en un ←
Moodboard

cute

Bright

FUN

Aquí me encuentro, delante de una página en blanco y con música que me encanta erizándome hasta las pestañas con una pregunta en la cabeza. ¿Qué es un Moodboard? ¡Vaya, parece que este libro, hasta ahora, es un no parar de definiciones! Pero esta la tengo muy clara. ¡Jódete, miedo a la página en blanco! El Moodboard es la manera más bonita, fácil y directa de decirle al mundo, y a ti misma: Esta soy yo.

Hay todo tipo de Moodboards: los hay digitales, físicos e incluso mentales. Mi recomendación, como no podía ser de otra manera, es que te lances a crear un Moodboard "de carne y hueso". Eso sí, todo Moodboard físico pasa por un estado mental y, muchas veces, por uno digital. Yo os voy a hablar de lo que sé, de cómo creé el mío y de lo bien que me lo pasé.

Todo empezó por culpa de Susana Torralbo y su curso online *Insta & Roll*. En una de las unidades del curso te reta a crear tu propio Moodboard en formato digital usando Pinterest. Y yo decidí ir un paso más allá y crearlo en tres dimensiones y a todo color, porque estaba más motivada que antes del lanzamiento de una nueva colección de Scrap.
Cogí mis fotografías favoritas, telas que tenía por casa, gomas de borrar en forma de piñas, lápices bonitos, pompones, tassels, palabritas de madera, pegatinas, lazos... ¡de todo!
Recuerdo como si fuera hoy mismo la frase que le dije a mi marido: "¡Mira, me he vomitado a mí misma!". Me vi perfectamente reflejada en aquel lienzo de 40x50, lleno de color, texturas, formas bonitas y frases inspiradoras. Lo colgué justo delante de mi escritorio, para verlo a todas horas, y tengo que reconocer que todavía no ha llegado el día en el que me canse de verlo.

Así que... ¿qué me dices? ¿Te animas a hacer el tuyo? Si es así... ¡felicidades! ¡Te acabas de embarcar en un proceso en el que vas a disfrutar como una niña!

Las primeras preguntas que podrías hacerte son estas. No hay ninguna prisa en contestarlas, lo único obligatorio es disfrutar.

· ¿Cómo te definirías en cinco palabras? · ¿Qué te gusta? · ¿Qué te inspira? · ¿Qué sueles utilizar en tus proyectos creativos? · ¿Cuáles son los colores que te hacen feliz? · ¿Con qué emociones te sientes identificada? · ¿Qué quieres transmitir en tus trabajos y tú como persona y artista? · ¿Qué texturas te gustaría trabajar o cuales te inspiran cuando lo haces?

Una vez has contestado a estas preguntas... ¡crea en consecuencia! Lo primero que yo hice fue teclear en el buscador de Pinterest algunas de mis palabras. Por ejemplo, yo tenía clarísimo que mis palabras eran alegría, positivismo, felicidad, color y *Good Vibes*. Tecleé eso mismo y esperé a ver qué pasaba. Y salieron imágenes que, en seguida, me transmitían muchísimo. Fue magia. Después busqué cosas como *ice cream*, *pastel colors*, *paint*, *shaker* y vi muchas más imágenes con las que me sentí identificada inmediatamente. ¿Cuáles son las tuyas? Disfruta de esta búsqueda, ¡es divertidísima!

Una vez hayas creado un tablero que mires y te haga sonreír, elige unas cuantas imágenes, imprímelas en buena calidad y en diferentes tamaños y espárcelas sobre tu mesa. Intenta tener mucho espacio, porque esto se va a poner *messy* a muerte. Ahora ha llegado el momento de buscar todo aquello de tu Scraproom o de tu casa que se lleve bien con la respuesta a las preguntas que te has hecho. ¡Puedes escoger cualquier cosa que quieras, no hay límite!

Una vez ya te tienes a ti misma en diferentes formatos sobre la mesa es el momento de buscar tu lienzo (o cualquier superficie sobre la que quieras volcar tu Moodboard) y llenarlo de pedacitos de ti. ¡Espero que lo disfrutes muchísimo, es uno de esos regalos que te haces a ti misma y se quedan contigo para siempre!

Recuerda que te he dejado el tablero que creé para hacer este Moodboard en mi cuenta de Pinterest y que tienes una lista en Spotify para que te inspires a tope.
¡Ya me contarás qué tal ha ido, boniquez!

I'm in front of a blank page with my favorite music on and I've got just one question on my head: What is a moodboard? This book, until now, looks almost like a dictionary I'm defining words all the time or that's what it feels like at least to me! But I've got this one pretty clear. In your face, writer's block! A moodboard is the most beautiful, easy and direct way to tell the world and yourself: This is me.

There are all kinds of moodboards: digital ones, physical ones and even mental ones. My recommendation is to go for it and make a "real" physical moodboard that you can touch. The truth is, every physical moodboard goes through a mental state and many times a digital one also. I'm going to tell you all about what I know, how I created mine and the fun I had making it.

It's all Susana Torralbo's fault and her online course Insta & Roll. In one of the course units she challenges you to make your own digital moodboard using Pinterest. So I decided to go a step further and make it three dimensional and full of color, because I was more motivated than the day before a new scrapbooking collection is released.
I grabbed my favorite pictures, fabrics I had around the house, erasers in the shape of pineapples, pretty pencils, pom poms, tassels, wooden words, stickers, ribbons...and a bit of everything!
I remember, just like it was today, what I told my husband: "Look I've vomitted myself onto a canvas". I saw myself perfectly reflected on that 40x50 cm canvas, full of color, textures, pretty shapes and motivational phrases. I hung it up right in front of my desk, to see it all the time and I have to recognise up to this day there hasn't been a moment I've gotten tired of looking at it.

So... what do you think, do you feel like making your own moodboard now?
If that's a yes... Congratulations!! You have just launched on a process that you will enjoy just like when you were a little girl!

The first questions you'll probably make are the following. You've got no rush to answer them, the only thing you are obligated to do is, enjoy the process.

How would you define yourself in five words? • What do you like? • What inspires you? • What do you usually use in your creative projects? • What colors make you happy? • What emotions do you feel identified with? • What do you want to transmit through your work? How about you, as a person and an artist? • What textures would you like to work with or what textures inspire you when working?

Once you've answered these questions... The first thing I did was type in the Pinterest search some of my keywords. For example, I knew that my keywords were happiness, positivity, joy, color and good vibes. So I typed just that and I waited to see what would happen. Images started showing up, that, all of a sudden, transmitted just those things which I was looking for. It was magic. Then I searched for words like, ice cream, pastel colors, paint, shaker... and I started seeing many more images that I felt identified with immediately. What are your keywords? Enjoy this search, it's super fun!

Once, you've created a board which you look at and makes you smile, choose a few of those images and print them in good quality and in different sizes and spread them out on your desk. Try to have a large space to work with, cause this is going to get messy pretty fast. The moment has come for you to pick out everything from your scraproom or your house that answers the previous questions that you asked yourself, it can be anything, there's no limit whatsoever.

Once you have all these things that define you on your desk it's time to grab your canvas (or any other surface you'll be using as a base to make your own moodboard) and fill it with all these different things that are a part of you and that you feel define you. I hope you enjoy this process a lot, it's like a gift you are giving yourself and that will be with you forever.

Remember that you can see my very own board I created as inspiration to make my moodboard on my Pinterest account and you've also got a complimentary Spotify playlist I made just for you to get inspired and start creating.
When you're done I'd love to hear if you've enjoyed making it, boniquez!

Recuerda que tienes tu tutorial en vídeo
en nuestra lista de reproducción de Vimeo
"Scrap The Book" y que puedes acceder con la
contraseña: SPRINGINMINT

Remember you've got a video tutorial on our
Vimeo playlist called "Scrap The Book" and
you can access it with the following password:
SPRINGINMINT

Let's Go Shopping!!

¿Hay algo mejor que esa sensación de calorcito, después de unos meses de frío, en la cara y en las manos? Pues hoy te despiertas y justo un rayito de sol que se cuela travieso por la ventana empieza a calentarte el brazo. Y, sin saber por qué, decides ir a tu scraproom, ese lugar sagrado donde todo es posible y donde tú puedes ser más tú que nunca. Donde puedes ser esa criatura creativa y feliz que hace cosas maravillosas y únicas. Miras tu Moodboard, te pones tu lista de Spotify más primaveral (si no tienes yo te presto la mía: se llama Primavera en Mint ¡y es toda tuya!), abres tu tablero de Pinterest (ya sabes que tienes uno de regalito con el mismo nombre en mi cuenta), te inundas de cosas bonitas por un momento, justo antes de cerrar los ojos un instante. Respiras hondo, sonríes y te embarcas en tu próxima aventura: crear una tarjeta con tus propias manos. ¿Preparada? ¡Vamos a hacer magia!

¡Nos vamos de compras! Necesitaremos dos papeles de Scrap, cinta de doble cara, cinta de doble cara foam o una lámina de foam, lentejuelas, acetato, cúter, regla y si tienes una cizalla y una plegadera...

¡ mejor que mejor !

· ·

Is there anything better than the feeling of warmth, on your hands and face, after several months of cold weather? Well today, you wake up with a ray sunshine coming through the window. Not knowing really why you decide to get up and go to your scraproom, that magical place where you can be yourself. That magical place where you can be your happy and creative self and make beautiful and unique creations that only you know how to make. You look at your moodboard, you switch on your spring Spotify playlist (if you don't have one, don't worry I've got you covered I'll lend you mine. It's called "Primavera en Mint" and it's all yours), you open your Pinterest board (you know I've got you covered on this one too and you've got a Pinterest board I made just for you), you are surrounded with the cutest and prettiest things in the world just before you close your eyes. Breathe in, smile and there you go, you're ready to start your next crafty adventure: making a card with your own hands. Are you ready? Let's do it together and let the magic begin.

Let's go shopping! We'll need two scrapbooking patterned papers, double-sided tape, foam tape, a sheet of foam, sequins, a sheet of acetate, a cutter, a ruler, a paper trimmer and a bone folder if you've got those...

that is great !

¡Vamos a ello, mis valientes!

< Reúne todos tus materiales y corta uno de tus papeles (el que verás con la tarjeta cerrada) a 8 pulgadas y media de ancho por 6 de alto. Haz dos pliegues a 4 y a 4 ½ pulgadas.

> Haz tu ventana creando un rectángulo de media pulgada por cada lado.

< Corta dos trozos de acetato de 8 ½ por 6 pulgadas y un trozo de la misma medida con el otro papel de scrapbook. Haz una ventana rectangular de una pulgada de ancho como la anterior en este último trozo de papel de scrapbook.

> Pega el acetato en la parte interior de la ventana con cinta de doble cara.

< Pega el foam haciéndolo coincidir con el marco de tu ventana.

> Añade tus lentejuelas, despega la cinta foam y pega tu otro acetato.

< Pega tu ventana de papel de scrapbook con cinta de doble cara tapando el foam.

> Pega tu otro trozo de papel de scrapbook en la parte derecha de tu tarjeta.

< ¡Decora la parte frontal de tu tarjeta llenándola de boniqueces!

let's get started !

< Get all your materials together and cut one of the patterned papers to 8,5 inches wide by 6 inches high (this is the one that will be seen when the card is closed). Score the paper at 4 inches and 4,5 inches.

> Make your paper window frame, cutting out a rectangle that's half an inch wide on each side.

< Cut two pieces of acetate, 8,5 x 6 inches and another piece of the same size from the other patterned paper that we haven't used yet. Cut out a rectangular window frame that's half an inch wide on each side, just like the one we just made, now from the piece of patterned paper we've just cut.

> Adhere the acetate, on the inside part of the frame with double-sided tape.

< Adhere the foam making it line up with your window frame, make sure the foam doesn't stick out of the frame.

> Add sequins inside the window, take off the protective tape from the foam and adhere the other acetate.

< Adhere your patterned paper window frame with double-sided tape covering up the foam.

> Adhere the other piece of patterned paper on the right side of the card.

< Decorate the front side of your card filling it with the cutest embellishments.

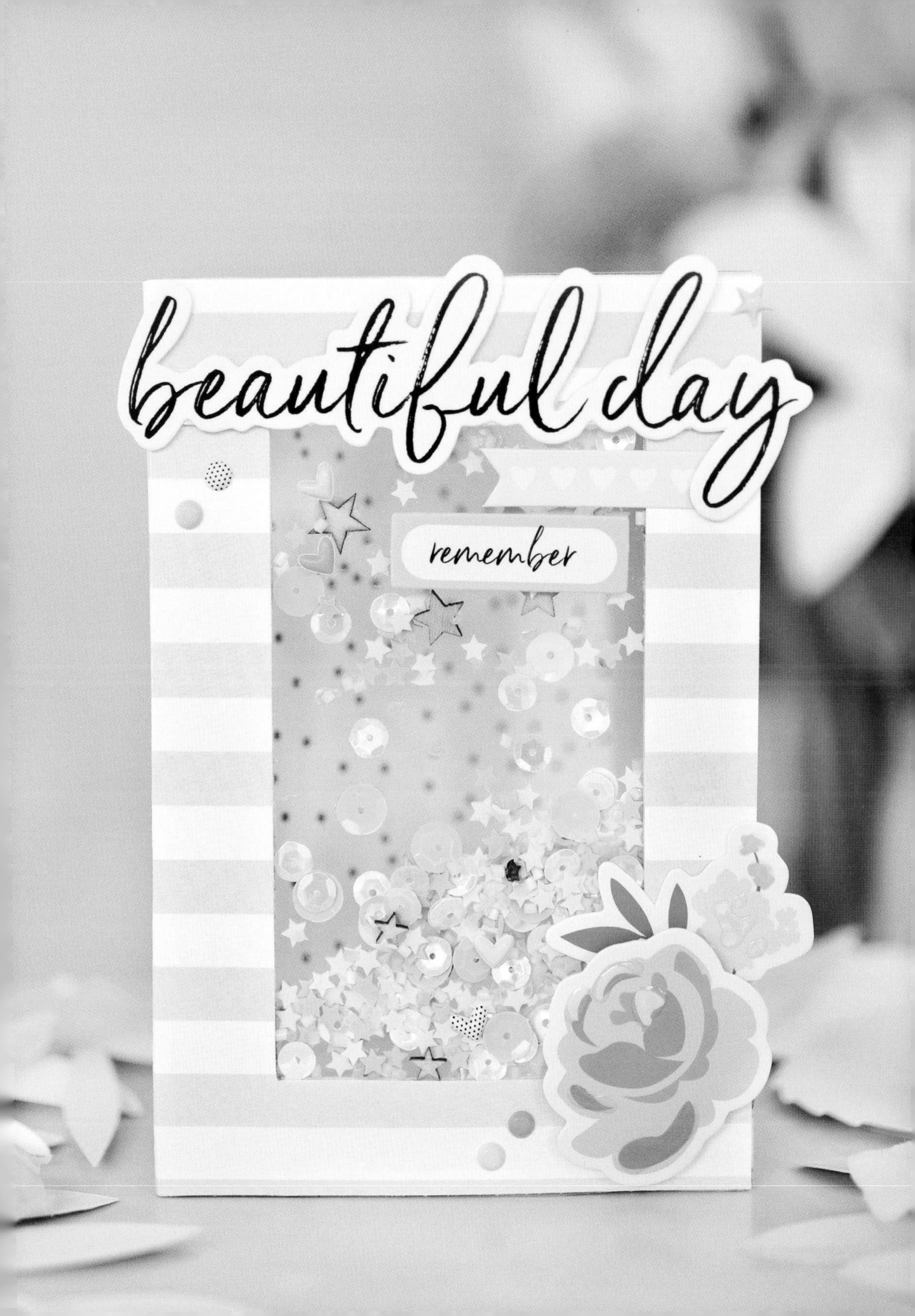
beautiful day
remember

Añade páginas en acordeón
para hacer de tu tarjeta un
álbum shaker.

Add pages in an accordion style
to make your card into a
shaker album.

¿No tienes acetato? ¡No hay problema! Haz tu tarjeta por capas con tres desplegables en vez de dos y consigue un efecto diferente!

Don't have a sheet of acetate? No worries! Make your card with three layers of fold outs instead of two and get a completely different effect.

¡feliz cumple Lora!

buena onda

que no se acabe nunca

Recuerda que tienes tu tutorial en vídeo
en nuestra lista de reproducción de Vimeo
"Scrap The Book" y que puedes acceder con la
contraseña: SUMMERINMINT

Remember you've got a video tutorial on our
Vimeo playlist called "Scrap The Book" and
you can access it with the following password:
SUMMERINMINT

Let's Go Shopping!!

Te asomas a la ventana y ves a toda esa gente paseando sonriente con ropa ligera, bañándose a la luz del sol. Tu música favorita, aquella de anuncio en Menorca, suena en tu Spotify y tú no puedes hacer otra cosa que sonreír. Te amorras a una botella de agua mientras enciendes el ventilador de color mint de tu Scraproom y tu mirada se va directamente a esa colección de papeles llena de piñas, flamencos, colores vivos y helados. Y no te puedes resistir: vas a plasmar toda esa alegría que llevas dentro en esos papeles, en unos pedazos de acetato y en todos los hilos de colores que tengas en casa. Prepárate nena...
¡vamos a hacer magia!

Rebuscas por la habitación y encuentras todas estas cosas maravillosas que te van a ir genial para poner todas las fotos de los momentos veraniegos que te están haciendo tan feliz: Acetato muy grueso dina3, cúter, papeles de scrapbooking (tantos como páginas quieras), cartulinas blancas, hilo lanero de todos los colores, aguja y cizalla.

....

You look out the window and you see people walking by wearing Summer clothes, bathing in sunlight. Your favorite music is playing and that Menorca ad is on TV, Spotify is on in the background and you can't do anything else but smile. You grab a bottle of water and while you turn on your mint colored fan in your scraproom you can't help and gaze over at that scrapbooking paper collection full of pineapples, flamingos, bright colors and ice cream cones. I told you, you just can't help it, you're going to express all that happiness that you have inside of you using those patterned papers, sheets of acetate and the threads of all the colors that you have around your house. Get ready gal!

Look around your room and gather together all those wonderful things that are going to look just perfect with your pictures of those summer memories that make you feel so happy.

We're going to need an A3 size very thick acetate, a cutter, scrapbooking papers (as many as you want), white cardstock, colorful wool thread, a needle and a paper trimmer.

¡ Empezamos !

- Corta una pieza de acetato de 12 ½ pulgadas de ancho por 6 pulgadas de alto.
- Haz un corte muy superficial en el ancho del acetato a 5 pulgadas y a 7 ½ pulgadas para poder doblarlo con facilidad.
- Haz dos cuadrados de 6 pulgadas de alto por 5 de ancho y del grosor que prefieras, los míos son de un cuarto de pulgada Repite el punto 3 hasta tener al menos 8 de cada.
- Pégalos unos a otros con pegamento líquido dejando dos pares sin pegar. Pega uno de los pares a la portada por la parte frontal haciendo una forma de polaroid.
- Pega por la parte trasera de esta misma parte frontal tus cuadrados ya pegados haciéndolos coincidir con los de la parte delantera.

- Haz la shaker
- Corta tus páginas a 10 p. de ancho por 6 de alto y hazle dos dobleces a 4 ¾ de pulgada y a 9 ½ pulgadas.
- Hazles una ventana en cada una de las partes que corresponda con tu polaroid de la portada del álbum
- Haz tantos agujeros en el lomo como páginas quieras en tu álbum a ¼ de pulgada de cada margen del lomo.
- Agujerea tus páginas haciéndolas coincidir con los agujeros del lomo.
- Cose tus páginas con hilos de colores.
- Pega la pestaña de cada "sobre" o página.

Let's make magic !

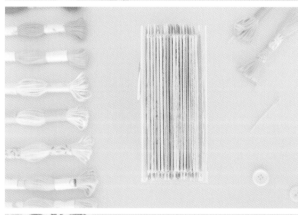

- Cut a piece of acetate 12,5 inches wide by 6 inches high.
- Score the acetate by making a very superficial cut on the acetate at 5 inches by 7 inches so we can fold it easily.
- Make two squares that are 6 inches high by 5 inches wide and the thickness that you prefer, mine are a fourth of an inch thick.
- Repeat step 3 until you have at least 8 of each. Adhere them together with liquid glue, leaving two pairs without gluing.
- Adhere one of those pairs to the front cover imitating the design of a polaroid picture.
- Adhere on the inside of the front cover, the squares that have previously been glued together making them line up with those on the front cover.

- Let's make the shaker!
- Cut your pages at 10 inches wide by 6 inches high and score at 4,75 inches and 9,5 inches.
- Make a paper window frame for each one of the pages just like the one on the front cover.
- Make as many holes on the spine as pages you want to have, they should be a quarter of an inch from the edge of the spine.
- Sew your pages with colorful threads.
- Adhere the tab of each "envelope" or page.

¡Puedes coserlo todo!
Así que ármate de aguja e hilo y
¡a por ello!

You can sew everything you
want to! Go ahead, grab your
thread and needle
and go for it!

¡Mira cómo cambia este álbum simplemente haciendo la portada con un marquito de papel!

Look at how we can change up this album just by adding a paper frame to the front cover!

Ya se acerca ese momento que llevas planeando todo el año. En cuestión de días estarás subida en un avión, un coche o un tren, camino a esos días de relax, sol, el sonido del mar meciéndote las siestas y noches de cenas deliciosas mirando el atardecer. Y todos aquellos recuerdos que no quieres perder nunca merecen estar guardados en el álbum de viajes por excelencia: el midori. Aquel libro con cuerdas que es tan cómodo, y resistente y perfecto para ir en tu mochila allá a donde vayas. ¿Qué te parece si hacemos uno bien bonito y gordote donde quepan todas tus noches de verano?

Necesitaremos cartón, acetato, papel de Scrapbook, eyelets, goma elástica, algún adornito, abecedarios.

The time you've been waiting all year for is finally here. In a few days you'll be on a plane, a car or a train on the way to those relaxing Summer days. Full of sunshine and the noise of waves while you take a "siesta" or have a delightful dinner watching the sunset over the ocean. All those wonderful memories that you don't want to lose deserve to be kept in the best travel album, the traveler's notebook. That notebook bound by strings that's so comfortable, resistant and perfect to take with you in your backpack wherever you go. How about we make a big thick and faboulous TN where all your Summer nights will fit? First, let's look around our scraproom. I'm sure you've got all these supplies, let's get started!

We're going to need a cardboard, acetate, scrapbooking paper, eyelets, elastic rubber string, embellishments, alphabet stickers.

- Cortar dos cartones (A Y F) de 8 ½ pulgadas de alto por 6 de ancho y 4 cartones de 8 ½ pulgadas de alto y de 1/4 de pulgada de ancho cada uno (B, C, D, E)
- Forrar pegando los cartones A, B, C, D, E y F a un acetato dejando una distancia de 1/32 entre cada uno.
- Forrar la estructura con papel de Scrapbook.
- Forrar el interior.
- Hacer dos agujeros en la parte superior del lomo y dos en la inferior a media pulgada de distancia y hacer otro agujero en la parte central.
- Poner los eyelets con la remachadora.
- Pasar las cuerdas elásticas dejando dos trozos de cuerda por cada uno de los pares A-B y C-D.
- Pasar dos trozos de cuerda por el agujero E.
- Hacer las páginas de 7 ¼ de alto por 11 ¼ de ancho y doblarlas por la mitad (tantas como quieras).
- Decora la portada a tu gusto con tus abecedarios preferidos.
- Decorar la cuerda E.

TIP! ¡Atreveos a hacer algunas con acetato, vellum o algún material un poco diferente! ¡Quedarán geniales!

- Cut two pieces of cardboard (A and F) 8,5 inches high by 6 inches wide. Cut 4 pieces of cardboard 8,5 inches high by 1/4 of an inch wide each (B, C, D, E)
- Cover cardboard pieces A, B, C, D, E and F adhering them to an acetate leaving a distance of 1/32 of an inch between each one.
- Adhere scrapbooking paper to the entire structure.
- Adhere paper to the inside also, covering all of it.
- Punch two holes in the top part of the spine and two in the bottom part leaving half an inch between each hole. Punch one more hole in the center.
- Place and set eyelets in holes.
- Place rubber string through the holes leaving two pieces of string for each pair, A-B and C-D.
- Place two pieces of rubber string through hole E.
- Make pages that are 7,25 inches high by 11,25 inches wide and fold them in half (make as many as you want).
- Decorate the front cover with your alphabet stickers.
- Decorate the front cover and string E.

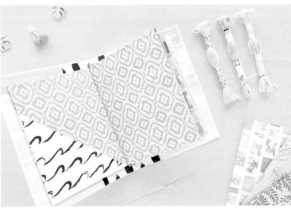

TIP! Try and make some from acetate, vellum or another different material! They'll look great!

ENJOY THE sun shine

¡Ábrete a nuevos retos! ¿Te apetece tener tu propia libreta a medida? ¿Por qué no pruebas una encuadernación tipo midori con tiras de trapillo dentro de una estructura tipo mini álbum? ¡Y si tienes una ilustración de Esther Gili para decorar ya es la guinda del pastel!

Try different things and be open to challenges! Would you like to have your own custom notebook? Why don't you try a Traveler's Notebook style binding with pieces of fabric inside a mini album cardboard structure? And if you've got an illustration by Esther Gili to decorate the cover, that'd be the cherry on top of the cake.

Layout

No sé tú, boniquez, pero a mí el otoño me genera sentimientos encontrados. Por una parte me genera sentimientos de mierda, porque *let's face it*, que se acabe el verano es un bajón como un piano. Pero, por otra parte, creo que no hay nada que me guste más que ese "inicio de curso", esa "vuelta al cole" que sigo viviendo a mis treinta y dos veranos. Y en esas me encuentro hoy, en el primerísimo día de Septiembre. Y sí, sé que al verano aún le quedan unas semanicas, pero yo soy muy de cambiar las estaciones y hacer que empiecen cuando me da la santa gana, oye. Así que hoy, día 1, ya estoy yo planner en una mano, pegatinas monísimas en la otra, con un montón de ideas y una buena lista de cosas que quiero aprender este nuevo año.

Así que hoy, que es tan otoño, he decidido enseñaros lo poquito que sé de varias cosas para que creemos unos Layouts que nos encanten y que nos transmitan cosas mágicas cuando los miremos, porque ¿de qué va todo esto si no?

El Layout es la manera más pura de aprender a componer. Y componer lo es todo en el Scrapbooking. En cualquier proyecto que hagas a partir de ahora vas a componer algo: desde el home decor hasta la decoración de la portada de un álbum... ¡por no hablar del interior! Cada página de tus mini álbumes será como un mini layout.

Así que vamos a por ello con ganas. ¡ porque esta parte es arte puro y es divertidísima ! ¡ Te va a encantar !

Te he hecho tres Layouts basándome en técnicas de otra de mis pasiones: la fotografía. Podrías escoger mil reglas o estructuras más, evidentemente. De hecho internet está lleno de plantillas para crear Layouts si no tienes muy claro por dónde empezar o por si un día no estás inspirada (que todas tenemos de esos). Pero vamos a empezar con estos tres:

....

I don't know about you "boniquez" but fall gives me mixed feelings. On the one hand, it comes with all the sad feelings because, gal let's face it, Summer is over and that's a real bummer. On the other hand, I don't think there's anything I like better than the beginning of a new school year, back to school time which yes, of course, I'm still reliving each September at my thirty two years of age. So, today is September first and yes, there are still a few weeks left of Summer but I really like changing seasons and making them begin whenever I feel like it. So, yeah, today is September first and I've got my planner in one hand, the cutest stickers in the other, tons of ideas and a long list of things I want to learn this new year.

Today, which I'm feeling is very fall like, I've decided to show you just a few things that I know to make some layouts that we're going to love and are going to make us feel fabulous when we look at them, because if this is not what it's all about what are we doing here, then? Am I right?

Making a layout is the purest way of learning composition. Composition is everything in scrapbooking. In any project that you make from now on, you will use composition: from home decor to decorating the cover of an album... and how about the inside! Every single page in your mini albums will be like a mini layout.

So, let's get to it, because this part is purely artistic and the most fun ! You're going to love it !

I've made three layouts based on techniques from another one of my passions: photography. I could choose thousands of rules or structures to follow, obviously. The Internet is full of templates to create layouts if you don't have a clear idea where to start off at or if one day you're not inspired (we all have some of those). Let's start off with these three:

Collage

En este primer Layout he seguido la famosísima **Regla de tercios**. La regla de tercios se basa en dividir tu lámina de trabajo en tres espacios horizontales y verticales como las que ves en esta fotografía. Lo interesante sería dejar que tus elementos principales ocupen los puntos donde se encuentran estas líneas, porque es allí donde de manera natural se dirige la mirada del ser humano. Ojo, esto lo dicen los estudios que estudian estas cosas, no yo. Pero es tan cierto como que el Mint debería ser el color universal. Así que aprovechémonos de eso, ¿no?

Este Layout es un Collage. Como te he explicado hace un ratete es mi medio de expresión favorito porque me ayuda a plasmar las ideas más locas que me bailan en la cabeza. Hacerlas realidad. Mezclo mis elementos favoritos: fotos, ilustraciones, papel, adornos... y puedo darle vida a aquello más loco que se me ocurra. Te dejo algunos más en este libro y en mi instagram, para que te inspiren y te ayuden a hacer magia con tus ideas más locas. ¡Estoy deseando ver qué te baila a ti en la cabeza, boniquez!

In this first layout I've followed the famous Rule of Thirds. The Rule of Thirds is based on dividing the surface you're working with (paper, picture...) into three horizontal and vertical spaces like the ones you can see in this image below. Our main focus is to try to place our main elements in the points where these lines cross, because that's where are human eye looks to first naturally. I wasn't the one who thought of this, scientific studies have proved it. It so true, just like the color mint should be the universal color. So let's make the most of this, right?

This layout is a collage, like I told you a while back, making collages is my favorite art expression because it helps me express all my crazy ideas that are dancing around in my head and bring them to life. I mix together some of my favorite elements: pictures, illustrations, paper, embellishments... and I can make real some of the craziest things I can think of. A few pages ahead I'll show you some more collages that I've made, to inspire you and help you make some magic with your own crazy ideas. I'm dying to know the crazy ideas you've got in your head, "boniquez"!

Siempre que coloques elementos como enamel dots (esos puntos con relieve) o cualquier otro elemento decorativo hazlo usando tres elementos. Tres elementos forman un triángulo visual que ayuda a señalar dónde quieres que vaya la atención del espectador o a enmarcar algo que ya está en un punto que de por sí atrae la atención, para darle aún más protagonismo.

Whenever you add any kind of small embellishments like enamel dots (those small candy like looking adhesive dots) or any other decorative element always use three at a time. Three items form a visual triangle which will help you point out what you want the viewer's attention to focus on or if you would like to make something stand out even more from the rest of things.

GIRL YOU GOT THIS.

NO ONE

IS YOU

THAT IS

YOUR

POWER.

HEY

GIRL POWER

The Golden Ratio

Con este segundo Layout he querido explicarte la **Proporción Áurea**. La proporción áurea es absolutamente fascinante. Y compleja. Tiene mucha miga, vaya. Y este libro tiene un máximo de páginas. Así que, para simplificarlo un poco, lo definiré así: la proporción áurea es la divina proporción. La proporción natural que se encuentra en la naturaleza. Es esa misma proporción que ves dibujada en esta foto. Es algo que se ha intentado perseguir en la arquitectura, el diseño, la fotografía y en muchas otras ramas artísticas desde que se descubriera unos cuantos años antes de Cristo. Sí, esto tiene más historia de la que ha vivido Jordi Hurtado.

En este layout he querido seguir el dibujo de la famosa proporción áurea para que vuestra vista vaya de forma inconsciente a esta fotografía de la chica con fondo rosa. Todo el dibujo os lleva allí y os da un mensaje en el camino. Y tiene lo que se considera la proporción natural.

¿ Te animas a hacer uno, boniquez ?

. . . .

With this second layout I'd like to tell you about The Golden Ratio, it's absolutely fascinating and complex. This book's got a page limit and although I'd love to go on and on talking about it I'll try to simplify. The Golden Ratio is a divine ratio that we can find in nature. That's the same ratio that you see drawn in this picture. It's a ratio that can be translated into a mathematical sequence that has been the main focus of architects for ages. It has been pursued in many fields like design, photography and other artistic fields since it was discovered a few years before Christ.

In this layout I've tried to follow the famous design of The Golden Ratio so that when you look at it your view is unconsciously driven to the image of the girl with the pink background. The whole drawing takes you to that main focus point and on that visual path you get the layout message. This layout has what's considered The Golden Ratio.

Will you give it a go, "boniquez"?

Vanishing Point

Y, por último, tenemos el **Punto de fuga**. ¿Quién no estudió el famoso punto de fuga en clase de plástica? El punto de fuga es aquel punto de la imagen (ya sea una foto, una pintura o la naturaleza) donde convergen todas las líneas de los elementos que encontramos en la misma. Por ejemplo, en la foto de un paisaje, el punto de fuga suele estar en el horizonte.

Aquí he querido marcar un punto de fuga ficticio, cosiendo diferentes hilos de colores desde distintos puntos del exterior al centro. Y en el centro, que es donde naturalmente van los ojos del espectador, he colocado el elemento que quiero que llame más la atención: la fotografía.

¿ Qué ? ¿ Te fugas conmigo vía layout ?

Last but not least, we've got the vanishing point. Who hasn't ever studied the famous vanishing point in art class? The vanishing point, that point in the image (in a photograph, painting or in nature) where all the lines or elements converge. For example in a picture of a landscape, the vanishing point is usually on the horizon.

Here I have marked a fake vanishing point, sewing different pieces of colorful string from the outer edges towards the center. In the center, where our eyes naturally look to first I've placed the element which I want to have the most importance, the photograph.

Let's vanish together onto a layout. do you get it ?

¡Puedes hacer un Collage con lo que
quieras! ¡Da igual que estemos en otoño,
plántate unas flores en la cabeza!

You can make a collage with
whatever you want! It doesn't
matter it's fall! Try planting
some flowers on your head,
who cares!

Let's Go Shopping!!

¿Te animas a hacer otro álbum bonito? Creo que este quedaría genial para guardar todas esas fotos (de Navidad o no) de los momentos de esta estación que queremos conservar para siempre. Así que extiende todos estos materiales en tu preciosa mesa, esas fotos divinas que has hecho y tus mejores deseos...

Necesitaremos cartones, papel de Scrapbooking, anillas metálicas, remachadora, 2 brads, fundas de plástico y herramientas de corta y pega.

How about making another beautiful album? I think this would be great to keep all those photos (Christmas themed or not) of the best moments we want to keep forever of the season. So spread all these supplies on your precious table, those pretty pictures you've taken and your best wishes...

We will need cardboard, scrapbooking paper, metal binder rings, an eyelet puncher and setter, 2 brads, plastic covers, cutting and gluing tools.

¡ Vamos a hacer magia !

- Cortar 2 cartones de 9 pulgadas de alto por 10 pulgadas de ancho para nuestra portada y contraportada y otro de 3 pulgadas de ancho por 10 pulgadas de alto.
- Forrar primero el lomo y después el resto de estructura.
- Forrar el interior.
- Poner las anillas.
- Decorar la portada y el lomo.
- Hacer las páginas interiores con fundas de plástico.

Let's make magic !

- Cut 2 pieces of cardboard 9 inches high by 10 inches wide for our front and back cover. Cut another piece of cardboard 3 inches wide and 10 inches high.
- First cover and adhere the spine and then the rest of the structure.
- Cover and adhere the inside also.
- Set and place the binder rings
- Decorate the front cover and the spine.
- Make the pages out of clear plastic sleeves.

Shining
IN A PLACE
called
WORLD

★ HAPPY IS THE NEW BLACK ★

¡Coge trocitos de papel, tarjetas, combina
diferentes tamaños, pega tus fotos, agujerea
con tu remachadora y plántale una anilla!
¡Tendrás un recuerdo inolvidable
y súper fácil de hacer!

Grab your left over pieces of paper, cards,
combine different shapes, adhere pictures,
punch a hole through it all and put a
binder ring on it all! There you go, you've
got an unforgettable memory and it
was super easy to make!

Let's Go Shopping!!

¿Lo ves? Hay un brillo distinto. En las calles, en los ojos de la gente con la que te cruzas por la calle. ¿Lo hueles? Empieza a oler a bizcocho, a banquetes espectaculares, a turrón de chocolate. Y a magia. ¿Lo sientes? Está en ese aire helado que te azota las mejillas a última hora de la tarde, volviendo a casa. Se acercan las fechas más especiales, mágicas y bonitas del año. Porque, aunque haga un frío de cagarse, nada es más bonito que reunirse alrededor de una mesa, con las personas que más quieres, comer nuestros platos favoritos y hacerse un pequeño detalle que demuestre lo muchísimo que te importa esa persona. Y nada tiene más de todo eso que un regalo hecho a mano. Normalmente, durante las navidades, todos mis procesos creativos van a brillar al mismo punto: el home decor. Pero, de vez en cuando, guardo un poquito de magia para construir un álbum de fotos para alguien a quien quiero o para conservarlo yo misma, con los mejores recuerdos de esa navidad.

Así que, ¿qué me dices? ¿Nos ponemos algo de música, abrimos Pinterest y empezamos a hacer magia navideña? ¡A por ello, mi boniquez!

Primero vamos a rebuscar en nuestra habitación o entre las bolsas de papel de nuestra tienda de Scrapbooking favorita, a ver si encontramos algo de todo esto: cartones, papel de Scrapbook, acetato, lentejuelas, cinta de organza, eyelets, cartulinas blancas, básicos de corta y pega y plegado.

....

Can you see it? There's a different sparkle everywhere. On the streets, in people's eyes when you meet them.
Can you smell it? It's starting to smell like homemade bread and cookies, like delicious dinners and chocolate bar.
Can you feel it? That cold air that brushes against your cheeks in the afternoons on your way home. It's magic in the air. The most special, magical and beautiful dates of the year are getting closer. Because although it's freezing outside, there's nothing better than gathering together around a table with the people you love the most. Eat your favorite dishes and give each other a gift that big or small shows how important that person is to you. There's nothing more special than a handmade gift. Usually around the holidays all my creative processes turn towards one style: home decor. But, once in a while, I keep a little bit of magic stored away to make a mini album full of pictures with the best memories from Christmas to give to a loved one or to keep it myself.

So, what do you think? Let's turn up the Christmas music, open Pinterest and start making some Christmas magic? Let's get to it, "boniquez"!

First, let's look around our room or in our favorite scrapbooking store shopping bags and see if we can find some of these things: Cardboard, Scrapbooking paper, acetate, sequins, organza ribbon, eyelets, white cardstock, basic cutting, scoring and adhering supplies.

BRRR!

BOOTS · MITTENS · COAT · SCARF

- Cortar 5 cartones. 1 portada (A) de 10 pulgadas de alto por 7 de ancho. Otro trozo de portada (E) de 10 pulgadas de alto por 2 ¾ pulgadas de ancho. 2 lomos (B y D) de 10 pulgadas de alto por 2 de ancho y una contraportada (C) de 10 pulgadas de alto por 9 pulgadas, dos acetatos y una cartulina blanca de la misma medida de A.
- Hacer marco shaker con el cartón A y la cartulina blanca.
- Forrar toda la estructura.
- Hacer un pequeño rectángulo en el papel que está bajo tu ventana rectangular del cartón A a una proporción similar y a una distacia de 3/4 de p de este. Hacer un corte de esquina a esquina de los dos rectángulos.
- Doblar las pestañas interiores y pegarlas al cartón A. Añadir un trozo de cinta de organza en el centro del lateral izquierdo del cartón A. Asegurarlo con cinta de doble cara.
- Pegar el acetato.
- Pegar todas las pestañas exteriores, empezando por las largas y terminando por las cortas.
- Preparamos dos espinas cortando dos trozos de cartulina blanca de 7 1/2 de ancho y 9 ¾ de pulgada de alto. Hacemos dobleces a 2 p, 2 1/2 p, 3p, 3 1/4, 3 3/4, 4 1/4, 4 1/2, 5, 5 1/2. Pegamos los lados de media pulgada uno con otro y dejando el lado de 1/4 de pulgada plano creando un dibujo de montañas como el de la foto.
- Pegamos una espina en cada lomo, centrándolas.
- Hacemos un agujero en el centro del lateral derecho del cartón C para pasar un eyelet y otro trozo de la cinta de organza.
- Forramos el interior.
- Hacer la shaker (de la misma manera que hicimos con la tarjeta en primavera).
- Decorar la portada.
- Cortar 6 páginas de 9 ¾ de pulgada de alto.
- Dejaremos el ancho del papel de 12 pulgadas.
- Doblar a la mitad (a 6 pulgadas).
- Pegar las páginas a las espinas.

TIP! Puedes añadir páginas poniendo unas anillas en el cartón C.

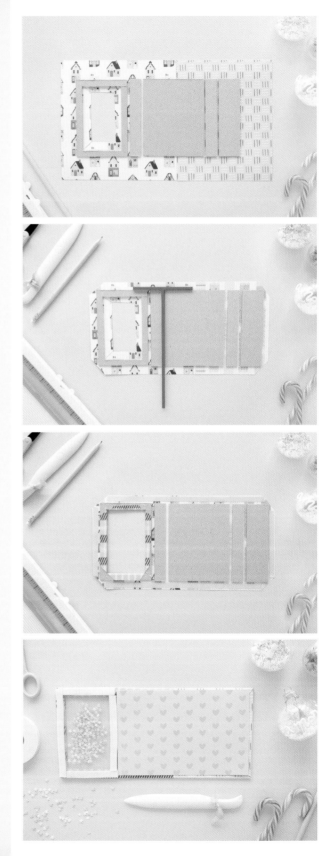

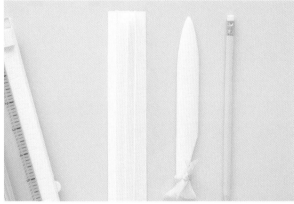

- Cut five pieces of cardboard. 1 front cover (A) 10 inches high by 7 inches wide. Another piece for the front cover (E) 10 inches high by 2,75 inches wide. 2 spines (B and D) 10 inches high by 2 inches wide and a back cover (C) 10 inches high by 9 inches wide, two pieces of acetate and one sheet of white cardstock the same size as A.
- Cut out a shaker frame from cardboard A and from the white cardstock.
- Cover and adhere the paper to the entire structure.
- Cut out a small rectangle from the section of the paper that's right under your cardboard frame (A). At a distance of 3/4 of an inch cut from one corner to the other of both rectangles. Fold inside tabs and adhere them to cardboard A.
- Adhere the acetate.
- Adhere all the exterior tabs, starting with the longest ones and ending with the shortest.
- We will now make two spines out of paper. Cut the two pieces of white cardstock at 7 1/2 inches wide and 9 3/4 inches high. Score the casrdstock at 2 inches, 2 1/2, 3, 3 1/4, 3 3/4, 4 1/4, 4 1/2, 5, 5 1/2. Adhere the sides that are half an inch one to another and leave the 1/4 inch side flat simulating the outline of mountains.
- Adhere each spine to its corresponding piece of cardboard.
- Cover and adhere the inside entirely.
- Let's make the shaker (remember, just like we made the Spring themed card).
- Decorate the front cover.
- Cut 6 pages 9,75 inches high, the width will be that of the paper, 12 inches.
- Fold in half, at 6 inches.
- Adhere the pages to the spines.

TIP! You can add more pages by adding binder rings to cardboard C.

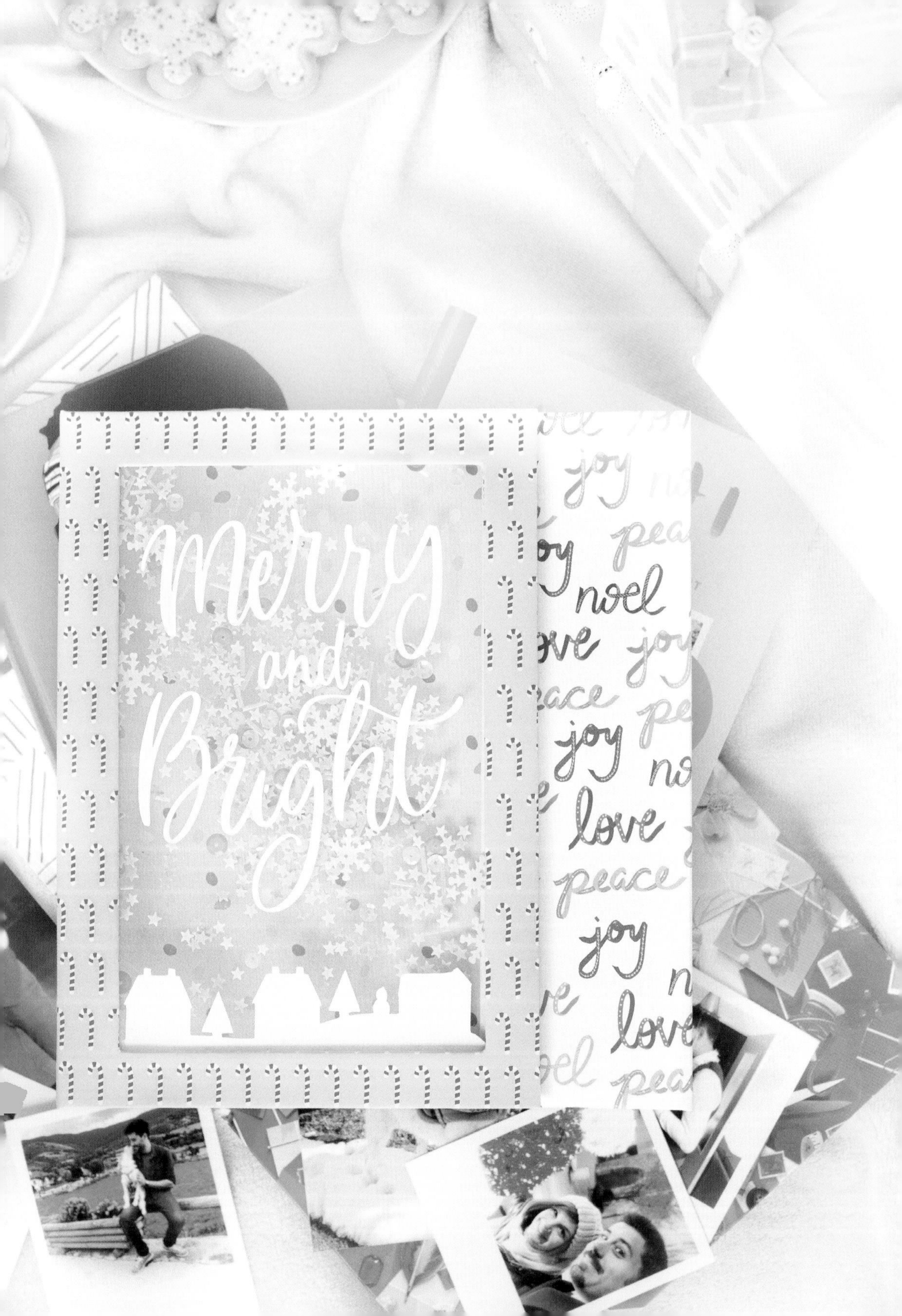
Merry and Bright
joy
noel
love
peace

Merry Xmas
Folks

Este año
love
out
loud

¡Repite exactamente la misma estructura
pero encuadérnala con anillas!
¡El resultado es totalmente distinto!

Repeat the exact same structure but
using book binding rings!
The result will be completely different!

UN

mundo aparte

HOME DECOR

A whole different world : HOME DECOR

Creo que me repito más que un gazpacho cargadete de ajos, pero lo que es, es. No hay nada en el mundo (o poca cosa) que me guste más que mirar objetos cotidianos y preguntarme "¿en qué puedo convertir esto?". Porque cualquier cosa, (y cuando digo cualquier cosa es cualquier cosa, créeme), se puede convertir en un álbum, en un layout, en una tarjeta o en un objeto de decoración diferente. Yo he probado con todo: bombillas, casas de pájaros, furgonetas de juguete, campanas decorativas, bolas de nieve... y si yo he podido hacerlo, sin perder una mano o pillarme los dedos con la sierra, tú también puedes. Todo es cuestión de echarle imaginación, ganas y color... ¡y tú de eso tienes de sobra, boniquez!

Te voy a enseñar unos cuantos proyectos con varios TIPS para que te sirvan de inspiración para hacer tus propios proyectos DIY home decor.

Recuerda que en mi canal de YouTube tienes algunos vídeos que quizás te servirán para verlo más claro.

¿ Te vienes ?

....

I think I'm starting to sound a bit repetitive, but I'm like this I can't avoid it. There's nothing else in the world (or almost nothing) that I like more than staring at plain and ordinary objects and asking myself "What can I turn this into?". Because literally anything, and I mean anything, believe me, can be turned into a mini album, a layout, a card or into a different home decor piece. I've tried about everything: light bulbs, birdhouses, toy vans, glass domes, snow balls... and if I've been able to do it, without losing a hand or catching my fingers with my saw, you can too! All you need is a bit of imagination, desire and color... and I now you've got loads of that "boniquez". I'm going to show you several projects and several TIPS that I hope will inspire you to make your own DIY home decor projects.

Remember that on my Youtube channel you've got some videos that might help you see it all a bit better.

Are you coming ?

¡Haz un globo de papel cortando varios círculos, doblándolos por la mitad y pegándolos entre ellos!
¡Súper fácil y decorativo!

Make a paper balloon by cutting several circles, folding them in half and adhering them to each other. It's super easy and very decorative!

TODAY IS A NEW DAY

¿Un bastidor de costura?
¡El Layout perfecto! Un poco de tul,
acetato y lentejuelas...
¡Y a crear!

A sewing hoop? The perfect layout!
A little bit of tulle, acetate and
sequins... Just start creating!

Dream
BIG
GARL!

¿Probamos a transformar una
furgoneta de madera en un
mini álbum?

Let's try and transform a
wooden van into
a mini album!

swimsuit
Books
Beach towel
sunscreen
Sandals
umbrella
camera

SWEET
day

Let's
go

live love explore

places GRAB

¡Haz tu propio pesebre pagano con unas casitas para pájaros pintadas en colores bonitos y mini arbolitos!

Make your own pagan Christmas manger with little wooden bird houses painted in pretty colors and mini trees.

the ABC's OF SCRAPBOOKING

Supplies

Acetato – Hoja plástica transparente, que puedes encontrar en diferentes grosores, que sobre todo se usa para hacer shakers.

Baker's Twine – Cordón grueso que normalmente se encuentra en dos colores combinados y que se caracteriza por ser muy resistente.

Cartón Kraft – Material de color marrón, parecido a una cartulina, que se puede encontrar en diferentes grosores dependiendo del uso que le queramos dar.

Cinta de doble cara – Adhesivo en formato rollo que pega especialmente bien el acetato y el papel, así como la tela y el cartón o cartón y papel. Es un adhesivo bastante fuerte y que no permite reajustar los elementos una vez pegados. Se puede encontrar en diferentes anchos de rollo y tienes que elegir uno libre de ácidos para que no estropee el papel ni las fotografías.

Cinta de doble cara foam/3D – Igual a la cinta de doble cara pero con un grosor mucho más ancho que el de esta. Generalmente se usa para hacer shakers o dar volumen a adornos.

Foam o Goma Eva – Material esponjoso y con un grosor de 2mm aproximadamente que se utiliza para dar relieve a títulos, adornos o crear shakers.

Foil – Material brillante que puedes encontrar sobre todo en formato lámina fina. Existe de varios colores y se puede adherir a superficies aplicando calor. Se suele aplicar con maquinas específicas para este fin.

Gel médium – Material polivalente que normalmente se usa como adhesivo y puedes encontrarlo con distintos acabados (mate, brillante, etc). También se puede usar como barniz, sellador, extensor de pintura y para técnicas de transferencias.

Gesso – Imprimador de superficies que se aconseja utilizar antes de aplicar pintura, especialmente en superficies porosas.

Guairo o Espiral para encuadernar – Elemento metálico con diferentes tamaños y colores en forma de espiral, que se utiliza para encuadernar una estructura.

Guata – Material esponjoso que sirve normalmente como relleno o acolchado de cojines u otros y que en scrapbooking se ha adaptado a la elaboración de álbumes de tela acolchados o churrovski.

Mat de corte o Tabla de corte – Superficie de goma autocicatrizante que se usa como base de trabajo en proyectos de scrapbooking, costura y DIY.

Pasta de textura – Material más denso que la pintura que se caracteriza por quedarse dura y con relieve cuando se seca. Se aplica con una espátula y normalmente se utiliza con una plantilla de estarcido o stencil.

Polipropileno – Material plástico translúcido que puedes encontrar en diferentes grosores y colores.

Rotulador de acuarela – Rotuladores con base al agua sobre todo utilizados para Lettering.

Rotuladores con base de alcohol – En su origen se usan para colorear Manga, pero en Scrapbooking se han adaptado al proceso de pintar sellos por lo fácil que es mezclar colores sin que se aprecien las líneas.

Silicona (fría/caliente) – Tipo de adhesivo que puedes aplicar con una pistola de silicona en formato caliente (en forma de barra) o en frío, en formato líquido.

Stack papeles – Formato tipo bloc que incluye varios papeles decorados.

Transfer – Rotulador especial que permite trasladar cualquier imagen a una superficie.

Trapillo – Tiras de tela de varios colores que se utiliza sobre todo para hacer mantas, cestos y otros proyectos pero que en scrapbooking se puede utilizar para hacer una encuadernación, como adorno, etc.

Vellum o papel cebolla – Material translúcido pero más delgado que el polipropileno.

Vinilo – Material plástico personalizable que se utiliza para customizar o decorar espacios, elementos o, en el caso del Scrapbooking, un proyecto.

Washi Tape – Cinta de papel de arroz adhesiva con diferentes dibujos y colores que sirve principalmente como decoración.

Acetate – Plastic sheet, that you can find in different thicknesses, it is mostly used to make shakers.

Alcohol-based marker – Originally used to color Manga, but in Scrapbooking they have been adapted to the process of painting stamps due to how easy it is to mix colors without the lines being noticed.

Baker's Twine – Thick string that is usually found combined in two different colors and is known to be very resistant.

Coil Binding Wire – Metal or plastic in different sizes and colors in a spiral form that is used for binding.

Cutting Mat – Self-healing rubber surface used as base for scrapbooking, sewing and DIY projects.

Double-sided 3D foam tape – Just like the double-sided tape but much thicker. It is usually used to make shakers or to give extra depth to embellishments.

Double-sided tape – Adhesive tape that is especially used to adhere acetate and paper, fabric to cardboard or cardboard to paper. It's a strong adhesive which does not let you move the objects once adhered. It can be found in different widths and you should choose one free of acids to avoid damaging your papers and fotos.

Foam – Sponge looking material with a 2mm thickness that can be used to add depth to titles, embellishments or shakers.

Foil – Shiny material that can be found in a thin sheet. It comes in different colors and it can be adhered to surfaces using heat applying machines.

Gel medium – Multisurface material that has many uses, it's usually used as an adhesive and it can be found with different finishes (matte, shiny, etc.). It can also be used as a varnish, a sealer, a paint extender and for transfer techniques.

Gesso – Surface primer that is recommended to be used before applying paint, specially on porous surfaces.

Kraft cardboard – Brown material, similar to cardstock, that can be found in different thicknesses depending on what you will use it for.

Padding – Fluffy material that normally serves as filling or padding of cushions or other things and that in scrapbooking has been adapted to the elaboration of padded fabric albums or churrovski.

Polypropylene – Translucent plastic material that you can find in different thicknesses and colors.

Silicone (cold/hot) – Type of adhesive you can apply with a silicone gun in hot form (in the form of a bar) or cold, in liquid format.

Stack of papers – A pad-like format that includes several decorated papers.

Texture paste – Material which is denser than paint and that is characterized by staying hard and textured when dried. It is applied with a spatula and is usually used with a stencil.

Transfer – Special pen that allows you to transfer any image to any surface.

Trapillo – Strips of fabric of various colors that is mainly used to make blankets, baskets and other projects but that in scrapbooking can be used for binding, decorative purposes, etc.

Vellum or onion paper – Translucent material, thinner than polypropylene.

Vinyl – Customizable plastic material that is used to customize or decorate spaces, elements or, in the case of Scrapbooking, a project.

Washi Tape – Adhesive rice paper with different designs and colors that serve mainly for decorative purposes.

Watercolor Marker – Water-based marker mainly used for Lettering.

Embellishments

Borla o tassel – Adorno hecho con hilo o con piel y que se puede fabricar de manera artesanal fácilmente o comprar en tiendas de manualidades, scrapbooking o abalorios.

Brad – Elemento metálico que consta de una parte plana, normalmente redonda (aunque lo puedes encontrar con diferentes formas: corazón, estrella, etc), con dos patitas metálicas que sirven para fijarlo en la estructura. Normalmente se usa para cierres de sobres tipo americano u otros cierres con goma, por ejemplo.

Cintas (seda, organza, blondas) – Tiras de tela (puede ser raso, organza, seda, algodón, etc) de diferentes colores que generalmente se usan con motivos decorativos.

Charm – Cualquier adorno que cuelgue de una anilla pequeña.

Chipboards – Adornos parecidos a los die cuts o precortados pero con el grosor de un cartón contracolado.

Die Cuts o precortados – Adornos de cartulina con diferentes motivos que se pueden usar para adornar los álbumes, layouts y cualquier proyecto de scrapbooking y home decor.

Enamel Dots – Formas con relieve, normalmente brillantes, que se usan como decoración en proyectos de scrapbooking y DIY.

Eyelet u ojal – Pieza metálica, normalmente redonda, con un agujero en el centro.

Puffy Sticker – Cualquier adorno que tenga relieve y un efecto "puffy" o blandito.

Rubbons – Adornos que se aplican con un palo de madera.

Sellos – Instrumento de estampación que se utiliza como decoración en proyectos. Pueden fabricarse en diferentes materiales y los encontrarás con diferentes diseños y motivos.

Brad – Metallic element consisting of a flat part, usually round (although you can find it in different shapes: heart, star, etc.), with two metal legs that serve to fix it into the structure. It is typically used for American envelope closures or other rubber closures, for example.

Charm – Any ornament that hangs from a small ring.

Chipboards – Die-cut or pre-cut embellishments but with the thickness of cardboard.

Die Cuts – Cardboard embellishments with different motifs that can be used to decorate albums, layouts and any scrapbooking and home decor project.

Enamel Dots – Bright and shiny shapes, that are used for decorative purposes in scrapbooking and DIY projects.

Eyelet – Metal piece, usually round, with a hole in the center.

Puffy Sticker – Any embellishment that has texture and a "puffy" or soft effect.

Rubbons – Adhesive embellishments that are applied with a wooden stick.

Stamps – Instrument or tool that is used for decorative purposes in projects. They can be manufactured in different materials and you will find them in different designs and with different motifs.

Tapes (silk, organza, doilies) – Strips of fabric (can be satin, organza, silk, cotton, etc.) of different colors that are usually used for decorative motifs.

Tassel – Decorative piece made with yarn or leather and that can be easily handmade or purchased in craft shops, scrapbooking or beads.

Tools

Máquina de corte y texturización – Máquina que sirve para troquelar formas determinadas por unos troqueles y cuyas formas troqueladas se usan para decorar proyectos.

Encuadernadora – Herramienta que se utiliza para encuadernar con espirales o guairos y con la que se puede tanto perforar como poner las espirales y cerrarlas.

Cizalla – Herramienta con la que se puede cortar papel de manera fácil y rápida con un sistema de guía y cuchilla que te permite cortar recto sin esfuerzo.

Cúter – Herramienta que sirve para cortar todo tipo de materiales, desde papel hasta madera fina.

Troqueladora de esquinas – Herramienta que permite troquelar las esquinas de un papel.

Remachadora – Herramienta que se usa para poner remaches o eyelets. Tiene dos cabezales con los que perforar. También tiene un tercer cabezal con el que presionar la pieza para fijarla.

Dies / Troqueles – Instrumentos metálicos con formas diferentes que, poniéndolos en una máquina de corte con un papel debajo, recortan una figura determinada.

Pirograbadora – Herramienta pensada para cerrar sobres de plástico, aplicando calor para fundir el material y que quede adherida una cara del sobre a la otra. Tiene diferentes cabezales, según el acabado o el objetivo que persigas.

Plegadera – Herramienta que sirve para hacer pliegues fundamentalmente. Se fabrica en diferentes materiales pero las scraperas normalmente usan la de hueso.

Plotter de corte – Máquinas de corte automático que se utilizan con un programa informático y que te permite cortar una forma comprada o creada por ti misma.

Punzón – Herramienta en forma alargada y con punta afilada que sirve para agujerear una superficie.

Stencil – Plantilla que sirve para estarcir un dibujo concreto en una superficie.

Tabla de hendido o plegado – Herramienta que se utiliza especialmente para hacer líneas de hendido en un papel.

Binding machine – Tool for binding using coil binding wire with which you can both punch and put the spirals in and close them.

Bone Folder – Tool that is used to score and fold. It is made of different materials but crafters usually use bone folders.

Corner punch – Tool that allows you to die-cut the corners of a paper.

Cutter – Tool that can be used to cut all kinds of materials, from paper to fine wood.

Cutting and texturing machine – A machine used to die-cut shapes using dies or texturize cardstock using embossing folders.

Cutting Machine – Electronic cutting machines that are used with a computer program and that allows you to cut a shape purchased or created by yourself.

Dies – Metal instruments with different shapes that, putting them in a cutting machine with a paper underneath, cut a certain figure.

Hole puncher and eyelet setter – Tool used to set eyelets. It has two heads to punch with. It also has a third head with which you set the eyelet.

Paper Trimmer – A tool with which you can cut paper easily and quickly with a guide and blade system that allows you to cut straight effortlessly.

Punch – Tool in an elongated shape and with a sharp tip that serves to hole a surface.

Pyrowriter – Tool designed to close plastic envelopes, applying heat to melt the material and to attach one side of the envelope to the other. It has different heads, depending on the finish or lens you are chasing.

Scoring Board – Tool that is especially used to score lines on a piece of paper.

Stencil – Template used to draw or paint a specific drawing on a surface.

Techniques

Biselado – Tipo de corte en diagonal.

Decapar – Proceso creativo en el que, tras aplicar pintura, se rasca con una lija, o algo similar, para conseguir un efecto envejecido.

Decoupage – Técnica artística en la que se aplica papel de arroz con una cola de decoupage en una figura de madera o cartón.

Degradar – Técnica artística aplicada normalmente a la pintura en la que se pasa de una tonalidad de color a otra de manera suave y natural, mezclándolos poco a poco.

Embossing o repujado – (1) En frío: proceso que se usa con un elemento llamado carpeta de embossing y que es una carpeta con un motivo en relieve que, al pasarlo por una máquina de corte y texturización, queda grabado al material que coloques en el interior de la carpeta, normalmente un papel.

(2) En caliente: técnica que consiste en sellar con una tinta especial de emboss, aplicar polvos de embossing y calor con un secador especial de emboss para conseguir un acabado brillante.

Estarcido – Técnica que consiste en estampar sobre una superficie el dibujo que queda en el hueco de una plantilla perforada o stencil, pasando sobre ella un pincel específico o una esponja empapada en pintura. Se emplea principalmente como técnica decorativa.

Lettering – El arte de dibujar letras.

Shaker – Estructura transparente en la que se mueve uno o varios elementos de pequeño tamaño en su interior, creando una cámara de espacio entre las dos piezas que la forman.

Beveling – Diagonal cutting.

Decoupage – An artistic technique in which rice paper is applied onto a wooden or cardboard surface.

Embossing or embossing – (1) Cold: a process that is used with an item called an embossing folder which is a folder with an embossed motif that, when it is put through a cutting and texturing machine, it's transferred to the material you place inside the folder , usually a piece of paper.

(2) Hot: technique consisting of sealing with a special embossing ink, applying embossing powders and heat with a special embossing heat gun to achieve a glossy finish.

Gradient – Artistic technique normally applied in painting which one shade of color is faded into the next in a gentle and natural way, mixing them gradually.

Lettering – The art of drawing letters.

Paint stripping – A creative process in which, after applying paint, it is sanded with sandpaper, or something similar, to get a vintage effect.

Stenciling – A technique that consists in using stencils to recreate the exact same pattern from the stencil onto a material, usually paper or fabric. It is mainly used as a decorative technique.

Shaker – A transparent structure in which one or more small elements move inside of it.

Structures

Álbum – Estructura con páginas decoradas que se construye con cartón y papel decorado o bien se compra hecho y que sirve para guardar fotografías.

Banner o Guirnalda – Piezas de forma triangular, cuadrada o de banderola decoradas y unidas por un hilo, formando una línea. Normalmente se utiliza como decoración de fiestas y eventos.

Bullet journal – Método de organización y planificación en el que partes totalmente de cero, con la página en blanco, y creas algo parecido a una agenda pero mucho más libre y personalizado.

Cardmaking – El arte de hacer tarjetería.

Collage – Proceso artístico en el que se intenta plasmar una idea o concepto mezclando materiales e imágenes que, en un principio, no están relacionadas, creando un mundo fantástico o dando un mensaje específico.

Cuaderno de viaje/Midori – Álbum normalmente hecho con piel, de lomo redondo y con gomas en el lomo para poder poner libretas en su interior que se puedan meter y sacar con facilidad.

Layout – Lámina decorada en la que el elemento principal siempre son la o las fotos. Normalmente se utiliza una lámina de 12 x 12 pulgadas, aunque se puede adaptar a diferentes medidas, formatos o superficies.

Mini álbum – Un álbum pero con una estructura más pequeña que un álbum de 12 x 12 pulgadas.

Planner – Argot para definir una agenda.

Snail Mail – Expresión artística que se hace a través de cartas decoradas y con regalos en el interior intercambiadas entre dos personas amantes de la correspondencia tradicional.

Album – Structure with decorated pages that is handmade with cardboard and decorated paper. You can also purchase a premade album, its main use is to store photographs and memories.

Banner or Garland – Triangular, square or banner shaped pieces of cardstock or paper which can be decorated and joined by a string. It is usually used at a party for decorative purposes.

Bullet journal – Organization and planning method in which you start completely from scratch, with a blank page, you create something similar to an agenda but much more free and personalized.

Cardmaking – The art of making cards.

Collage – Artistic expression in which you try to capture an idea or concept by mixing materials and images that, in the beginning, are not related, creating a fantastic world or giving a specific message.

Layout – Decorated sheet in which the main element is always a photo. Normally a 12 x 12 inch sheet is used, although it can be adapted to different sizes, formats or surfaces.

Mini album – An album but with a smaller structure than a 12 x 12-inch album.

Planner – Synonym of an agenda.

Snail Mail – An artistic expression which consists in decorated letters with gifts inside which are exchanged between two people who love traditional correspondence.

Traveler's Notebook/Midori – Album normally made with leather, a round spine and rubber strings on the spine to be able to put notebooks inside that can be easily inserted and removed.

Styles

Clean and Simple – Estilo de Scrapbooking en el que prevalece el blanco y la simplicidad en la decoración.

DIY – Del inglés Do It Yourself, hazlo tú mismo. Término que se utiliza para describir algo que has construido con tus propias manos.

Home Decor – Cualquier proyecto de DIY cuyo fin sea decorar el hogar.

Mix Media – Estilo artístico que se caracteriza por mezclar materiales y texturas como gesso, pintura, pastas de textura, etc.

Shabby Chic – Estilo de scrapbooking que está a medio camino entre el vintage y el clean and simple. Es más blanco y pastel que el primero pero recarga más el proyecto que el segundo.

Steam Punk – Estilo de scrapbooking con referencias a la época victoriana donde predominan los elementos mecánicos e industriales. Es un estilo normalmente recargado y oscuro.

Vintage – Estilo de scrapbooking en el que se evoca el pasado y se usan elementos envejecidos y predominan los tonos oscuros.

Clean and Simple – Scrapbooking style in which white and simplicity prevail.

DIY – From the English Do It Yourself, a term used to describe something you've made with your own hands.

Home Decor – Any DIY project with the purpose of decorating the home.

Mix Media – Artistic style that is characterized by mixing materials and textures such as gesso, paint, texture pastes, etc.

Shabby Chic – Scrapbooking style that is halfway between vintage and clean and simple. It's whiter and much more pastel than the first.

Steam Punk – Scrapbooking style with references to the Victorian era where mechanical and industrial elements are predominate. It is a style which is normally dark.

Vintage – Scrapbooking style in which the past is evoked and old elements are used, dark tones are usually predominate.

Other words

Crop – Evento en el que varias scraperas se reúnen para hacer proyectos juntas.

Chuches scraperas – Todo aquello que se pone de regalo en un Snail Mail.

Pulgadas – Unidad de medida muy usada en scrapbooking.

Crop – Event in which several crafters meet to make projects together.

Goodies– Everything that is put as a gift in a Snail Mail.

Inches – Unit of measurement widely used in scrapbooking.

Mi usuario es @the_mint_feather pero también podrás encontrar cositas relacionadas con este libro en los el hashtags #mintboniqueces #mintscrapthebook

My instagram username is @the_mint_feather but you can also find book related stuff if you follow the hashtags #mintboniqueces #mintscrapthebook

https://vimeo.com/scrapthebook (Tienes todo el canal para ti. Encontrarás las contraseñas en cada uno de los capítulos de los 8 proyectos).

https://vimeo.com/scrapthebook (The whole channel is for you. You can find the passwords for each of the 8 projects in its corresponding chapter).

Tienes videos que pueden serte útiles en mi canal de YuTul The Mint Feather.

You have plenty of videos that may be useful about Scrapbooking and Home Decor on my YouTube channel: The Mint Feather.

Recuerda que tienes todos los tableros de inspiración en https://www.pinterest.es/scrapthebook/

Remember that you have all my inspirational boards at https://www.pinterestes/scrapthebook/

Para mí la música es una parte vital cuando creo. Por eso te dejo toda la que me gusta en mi Spotify. Búscame por scrapthebook. ¡Espero que te guste!

Music is a huge part of my creative work. That's why I'm giving you all my favorite playlists for you on my Spotify, You can find me as scrapthebook. Hope you enjoy them!

Y por último tienes contenido extra en mi web www.themintfeather.com ¡Nos vemos pronto por allí, boniquez!

Last but not the least you have extra fun content on my website www.themintfeather.com. See you there, boniquez!

THE Mint FEATHER

A mi madre, por simplemente ser. Porque no consigo encontrar una frase que resuma todo lo que significas para mí. A mi padre, por hacer mis locuras más grandes posibles. A mi hermana, por descubrirme este mundo (y tantos otros). A mi Moni, por mantenerme feliz durante esta aventura, y tantas otras, que he tenido el honor de vivir a tu lado. Y a los cuatro, por salvarme tantas veces. A Monsa, por instalar esta maravillosa (y loca) idea en mi cabeza y acompañarme en cada paso del camino. A Obed, por ser una pieza clave de este libro y por tomar un avión, el teléfono, Lightroom o lo que hiciese falta para ayudarme en absolutamente todo lo que he necesitado. A mi familia, por ser mi apoyo incondicional y mi santísima Trinity. A mis amigos, por ser una fuente inagotable de buenos momentos, desconexión y carcajadas. A mis amantes de la correspondencia tradicional, Albarró, Grace y Obed, por aquella tarde mágica en Menorca definiendo palabrejas mano a mano. A Sabrina, por sus preciosas letras y su increíble ayuda. A Mima, por ser mi amor stranger, una amiga como no hay dos y por ayudarme tanto en este (y en tantos) proyectos. A Ana, por ser mi consejera y mi mejor profesora. A Nuria, por ser una Dudú increíble. A Bruno, por dedicarme su primera novela y ser el mejor amigo que existe. A Susana y Angharad, por prestarme su talento. A mis compañeras scraperas por ser fuente de sabiduría constante e inspiración inagotable. A todas aquellas grandes personas que habéis formado parte de este libro de alguna forma, ofreciéndome vuestra ayuda y apoyo (siento no especificar, sabéis que tengo un ovillo por cerebro y no quiero olvidarme de nadie). Y sobre todo a ti, boniquez. Porque sin ti no existiría The Mint Feather.

To my mother, for just being you. Because, I can't find a phrase that sums up everything you mean to me. To my father, for making my crazy ideas possibles. To my sister, for discovering this (and so many others) world to me. To my Moni, for keeping me happy during this adventure, and so many others that I had the honor to live by your side. And to the four of you, for saving me so many times. To Monsa, for putting this wonderful (and crazy) idea into my head and following me every step of the way. To Obed, for being a key piece of this book and for catching a plane, picking up the phone, opening Lightroom or whatever it took to help me in absolutely everything I have needed. To my family, for being my unconditional support and my most holy Trinity. To my friends, for being an inexhaustible source of good times, disconnection and laughter. To my lovers of traditional correspondence, Albarró, Grace and Obed, for that magical afternoon in Menorca defining words hand-in-hand. To Sabrina, for her beautiful lettering and her incredible help. To Mima, for being my stranger love, a friend like no other and for helping me so much in this and in so many other projects. To Ana, for being my counselor and my best teacher. To Nuria, for being an amazing "Dudú". To Bruno, for dedicating his first novel to me and for being the best friend there is. To Susana and Angharad, for lending me her talent. To all my fellow crafters for being a source of constant wisdom and inexhaustible inspiration. To all those great people who have been part of this book in some way, offering me your help and support (I am sorry not to specify, I don't want to forget anyone but you know me, I don't have very good memory). And above all, thank you "boniquez". Because without you, The Mint Feather wouldn't exist.

Colaboración especial: Albert Piguillem, Boo, Mis caballeras de la Mesa Mint (Mari, Nidia, Malu, Grace, Albarró, Obed, Dudú, Mima, Sandra y Sabrina), Eliana, Luis, Alicia, Marli, Saray, Eva, Laura, Johanna, Lora, Mari Carmen Silvestre, Ana Gómez, Julio Maseda, José Linares, Alma Maseda, Julia Maseda, mis suegris y cuñados bizarros y, sobre todo, mis dos grandes amores: Mateo Linares y Daniela Linares.

Special collaboration: Albert Piguillem, Boo, Medieval Knight of the Mint Table (Mari, Nidia, Malu, Grace, Albarró, Obed, Dudú, Mima, Sandra and Sabrina), Eliana, Luis, Alicia, Marli, Saray, Eva, Laura, Johanna, Lora, Mari Carmen Silvestre, Ana Gómez, Julio Maseda, José Linares, Alma Maseda, Julia Maseda, my parents-in-law and my bizarre siblings-in-law, and above all, my two great loves: Mateo Linares y Daniela Linares.

www.themintfeather.com
Instagram: @the_mint_feather
Youtube: The Mint Feather